Zaunlatten-Figuren aus Papier

Sandra Kern

Frühlingstreiben

Material
- Fotokarton: weiß, rot, blau, dunkelgrün, schwarz
- Struktur-Fotokarton: gelb, hellchamois, grün
- Buntstifte: weiß, rot, braun, schwarz
- Lackmalstifte: weiß, rot
- schwarzer, wasserfester Filzstift
- schwarzer Bindedraht, Ø 0,35 mm, 10 cm lang

Übertragen Sie die einzelnen Motivteile vom Vorlagenbogen auf die entsprechenden Papiere. Zur besseren Stabilität den Zaun zweimal übertragen, davon einmal seitenverkehrt. Alle Teile ausschneiden und die Gänseblümchenköpfe ringsum ca. 1/2 cm einschneiden.

Nun mithilfe des Vorlagenbogens das Motiv zusammensetzen. Dabei die Grasflächen hinter den Zaunlatten befestigen. Anschließend mit einer Stopfnadel zwei Löcher im Herz vorstechen, den Draht durchstecken und beide Drahtenden auf der Herzvorderseite zu Ösen biegen. Zum Aufhängen des Herzens den Papier-Nagelkopf zweimal ausschneiden. Einen Nagelkopf auf die Zaunlatte kleben und die Drahtaufhängung mit dem zweiten Nagelkopf darüber kleben.

Die kleinen Vogelschnäbel mittig knicken und platzieren. Zum Schluss mit Filz- und Buntstiften die Zaunlatten und Motive zum Teil umranden, die Augen der Tiere und den Schriftzug laut Abbildung aufmalen.

(Abb. siehe Seite 1)

Impressum:
© 2005 Bücherzauber Verlag GmbH, 41540 Dormagen
ISBN: 3-86545-036-9   Best.-Nr.: 50369

Fotos: Peter Wirtz, Dormagen
Styling: Angelika Nowotny, Agata Franica
Grafik/Zeichnungen: Daria Broda
Lithos: IMS Integrated Media Solutions GmbH, Köln
Layout/Satz/Bildbearbeitung: Marion Haustein, Dormagen
Druck: Grenz-Echo, Eupen   www.grenzecho.be

Das Gesamtwerk sowie die darin abgebildeten Motive sind urheberrechtlich geschützt. Jede gewerbliche Nutzung oder Vervielfältigung der abgebildeten Entwürfe – auch auszugsweise – ist nur mit schriftlicher Genehmigung des Herausgebers gestattet. Das Gleiche gilt auch für die Verbreitung, Vervielfältigung oder sonstige Verarbeitung mit elektronischen Systemen.

Alle Materialangaben und Arbeitsweisen für die abgebildeten Motive wurden sorgfältig geprüft. Eine Garantie oder gar Haftung für eventuell auftretende Schäden können seitens der Autorin oder des Verlages nicht übernommen werden.

1. Auflage 2005

Vorwort

In diesem Buch möchte ich Ihnen zeigen, wie man schnell und einfach Zaunlatten, anstatt aus Holz, aus buntem Karton herstellen kann. Es ist erstaunlich was sich mit Papier, Klebstoff und Buntstiften alles zaubern lässt. Liebenswerte, dekorative Figuren warten darauf, frech aus Ihrem Fenster zu grinsen oder fröhlich Ihre Lieben an der Wohnungstüre willkommen zu heißen. Fröhliche Küken und lustige Hasen, nette Vogelscheuchen und schaurige Gespenster, verschmitzte Wichtel oder eine fröhliche Schneemannparade begleiten Sie durchs Jahr. Sie müssen nur noch ein Motiv auswählen, Pappe und Kleber kaufen und schon kann es gemeinsam mit Ihrer Familie losgehen mit dem Ausschneiden und Dekorieren.

Ein lustiges und fröhliches Lattenjahr wünscht Ihnen

Sandra Kern
Sandra Kern

Danksagung

Herzlichen Dank den Firmen Heyda, Hobbygross Erler und Rayher, die mir großzügig ihre Materialien bereitgestellt haben.

Material & Werkzeug

Bleistift

Buntstifte (alternativ Wachsmalkreide oder Pastellkreide)

Lackmalstifte

Kugelschreiber oder Prägestift

wasserfester Filzstift

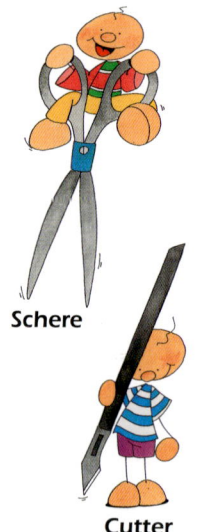

Schere

Cutter

Fotokarton, Struktur-Fotokarton, Regenbogenkarton

Locher oder Lochzange

Lineal

tropffreier Alleskleber

dicke Stopfnadel

Radierer

Außerdem:
- Transparent- oder Butterbrotpapier
- Pauspapier
- Schneideunterlage
- Abstandsklebeband

So wird's gemacht!

Vorlagen übertragen und zusammensetzen

1. Ein Transparent- oder Butterbrotpapier auf das ausgewählte Motiv des Vorlagenbogens legen und alle Motivteile ohne Überschneidungen übertragen. Das Papier umdrehen und die Linien mit einem weichen Bleistift nachziehen.

2. Nun das Transparentpapier mit der Bleistiftseite nach unten auf den Karton legen. Die Konturen mit einem Kugelschreiber erneut nachziehen und so auf den Karton übertragen. Zum Übertragen der Konturen auf dunkle Kartons weißes Pauspapier verwenden.

3. Anschließend alle Teile des Motivs mit einer Schere oder einem Cutter ausschneiden. Freihängende Motive am Fenster oder als Mobile sehen hübscher aus, wenn sie beidseitig gearbeitet werden. Dazu schneiden Sie die Teile doppelt, davon einmal spiegelverkehrt aus. Bei großen Figuren wird dadurch auch eine bessere Stabilität erreicht. Beim Zusammensetzen der Teile die Vorlagen nutzen, um die richtige Position zu ermitteln.

4. Nacheinander alle Papierteile des Motivs zusammenkleben; hilfreich ist hier ein tropffreier Alleskleber. Details wie Gesichtszüge oder Glanzlichter malen Sie mit Buntstiften oder Filzstiften auf. Zum Schluss lassen sich die Motive noch mit Schleifenband, Bast und sonstigen Materialien ausschmücken.

Gesichter gestalten und Motive schraffieren

Den Mund mit einem schwarzen oder roten Filzstift aufzeichnen. Für die Augen einen schwarzen Filzstift nutzen oder aus weißem Karton Augen ausschneiden. Die Pupillen und weiße Lichtpunkte mit Filz- oder Lackmalstiften aufsetzen. Für die Wangen schaben Sie mit einem Spitzer oder Messer etwas Farbe von der Buntstiftspitze und reiben diese mit der Fingerspitze auf den Karton. Sollen die Figurteile plastischer, die Zaunlatten wie Holz wirken, schattieren Sie die Kartonteile mit den Buntstiften oder umfahren diese mit einem Filzstift.

Vorlagen vergrößern

Je nach Fenster- oder Türgröße lassen sich die Vorlagen mithilfe eines Kopierers beliebig vergrößern oder nach Wunsch auch verkleinern. Auch lassen sich verschiedene Figuren miteinander kombinieren oder ohne Zaun anbringen.

Tipp!

Bei den meisten Motiven im Buch werden nur kleine Mengen an Fotokarton benötigt. Diese gibt es preiswert in kleinen Blocks mit 10–25 Blatt in verschiedenen Farbsortierungen zu kaufen.

Hase Max zeigt Gefühle

Material
- Fotokarton: weiß, rosa, pink, rot, orange, lavendel, grün
- Struktur-Fotokarton: dunkelgrün, braun, schwarz
- fliederfarbenes Schleifenband, 2,5 cm breit, 6 cm lang
- Buntstifte: weiß, gelb, rosa, rot, dunkelblau
- 2 braune Grasfaserbüschel, ca. 6–7 cm lang
- brauner Bindedraht, Ø 0,35 mm, 1 m lang
- transparente Klebestreifen

Zu Beginn alle Motivteile vom Vorlagenbogen auf die entsprechenden Papiere übertragen und ausschneiden. Zur besseren Stabilität die beiden Hasenkörper, die Querlatte und den Boden aus braunem Karton doppelt fertigen. Das Motiv mithilfe des Vorlagenbogens zusammensetzen. Anschließend mit einer dicken Stopfnadel Löcher für die Barthaare vorstechen. Nun 5 cm lange Drahtstücke ca. 1 cm weit durch die Löcher stecken, auf der Rückseite umbiegen und mit kurzen Klebestreifen fixieren.

Als Haare Grasfaserbüschel mittig mit Draht umwickeln und mit Kleber an den Köpfen fixieren. Frau Hase erhält außerdem eine mit Draht abgebundene kleine Haarschleife. Mit den Buntstiften laut Abbildung die Wangen, Augenlider, Blümchen und Schraffierungen aufmalen. Die Gesichtszüge und Körperkonturen mit einem schwarzen Filzstift ergänzen.

Zum Schluss den restlichen Draht in drei gleichlange Stücke schneiden. Diese spiralförmig um ein dünnes Hölzchen wickeln, vorsichtig abstreifen und als Schleifen um die Karotten binden.

Tipp!
Alle im Buch abgebildeten Vorlagen lassen sich mit kleinen Anpassungen auch mit anderen Materialien umsetzen. So können alle Windowcolor-Fans die Motive auch auf Windradfolie malen oder sägen Sie die Motive einfach aus Sperrholz oder dickerem Leimholz aus.

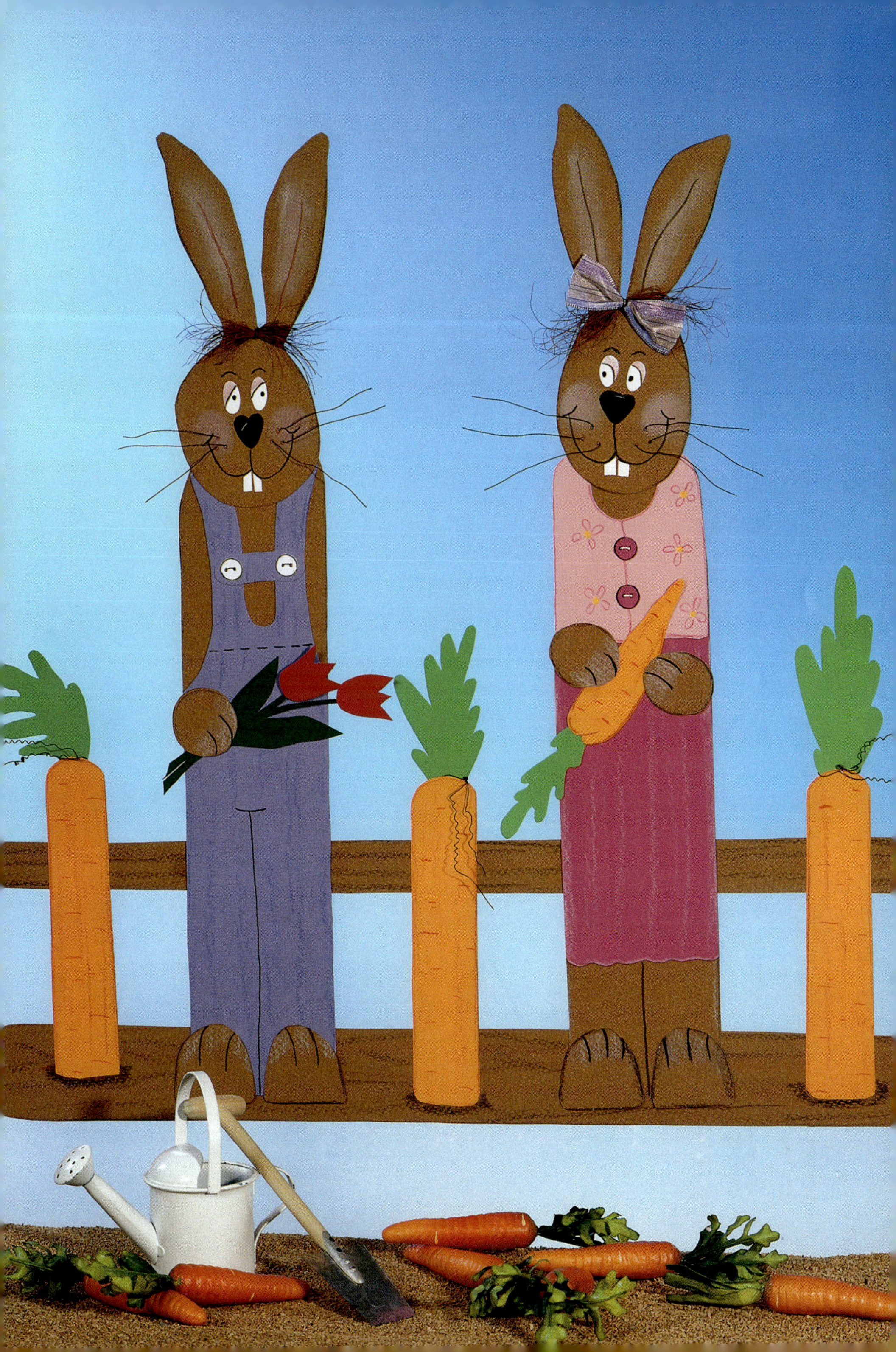

Fröhlicher Kükengruß

Material
- Struktur-Fotokarton: hellgelb, gelb, orange, rot, blau, dunkelgrün
- Leinenzwirn: weiß, schwarz
- Abstandsklebeband
- weißer Buntstift
- schwarzer, wasserfester Filzstift
- Bürolocher

Zuerst alle Einzelteile einschließlich der Markierungen vom Vorlagenbogen auf die entsprechenden Papiere übertragen. Die Motivteile doppelt anfertigen, da die Küken später frei hängen sollen. Dabei darauf achten, dass einmal spiegelverkehrt gearbeitet wird. Alle Teile ausschneiden und mit einer dicken Stopfnadel die markierten Löcher durchstechen. Die beiden Körperhälften zusammenkleben. Anschließend schwarzen Zwirn durch die Löcher fädeln und die Flügel sowie die Kämme mit dem Körper verknoten.

Die Augen, Schnäbel und Kehlsäcke aufkleben und die Füße mit einem Stückchen Abstandsklebeband an den Körpern anbringen. Nun mit einem schwarzen Filzstift die Gesichter und den Schriftzug aufmalen. Mithilfe eines Lochers grüne und weiße Punkte ausstanzen und diese auf dem gelben Körper und auf den Eiern anordnen. Die Eier zusätzlich mithilfe eines weißen Buntstiftes verzieren und mit weißem Zwirn in unterschiedlicher Länge zwischen den Füßen des gelben Kükens anknoten. Das Schild beim weißen Küken auf den Bauch kleben. Zum Schluss die Küken mit einem am Kopf befestigten Zwirnsfaden aufhängen.

Willkommen

Lausebengel Pit

Material
- Fotokarton: weiß, chamois, gelb, rot, blau, grün, dunkelgrün, schwarz
- 2 gelbe Knöpfe, Ø 1 cm
- schwarzes Nähgarn
- Buntstifte: rot, braun, schwarz
- weißer Lackmalstift
- Bürolocher

Die Konturen der einzelnen Motivteile auf die entsprechenden Papiere übertragen und ausschneiden. Die Zaunelemente zur besseren Stabilität doppelt fertigen, dabei einmal seitenverkehrt arbeiten. Die Augen und Pupillen aus weißem und schwarzem Karton ausschneiden. Für die Haare schneiden Sie das gelbe Kartonstück mit einer Schere in ca. 1 mm dünne Kartonstreifen mit einer Länge von ca. 5 cm zu. 40–50 Streifen ergeben eine dichte Haarpracht. Mit einem Locher gelbe Punkte für das Halstuch ausstanzen.

Die Knöpfe vor dem Zusammensetzen der Figur mit schwarzem Garn auf die Hosenträger nähen. Anschließend die Haare am Kopf fixieren und die Mütze darauf platzieren. Einzelne Haare mit der Schere zurechtschneiden.

Nun den Zaun auf die Wiese kleben und den Jungen davor positionieren. Laut Abbildung mit den Buntstiften die Gesichtszüge und sonstige Details ausarbeiten. Die weißen Steppstiche auf der Hose mit einem Lackmalstift aufmalen.

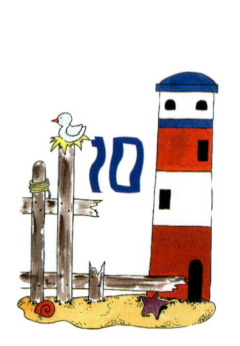

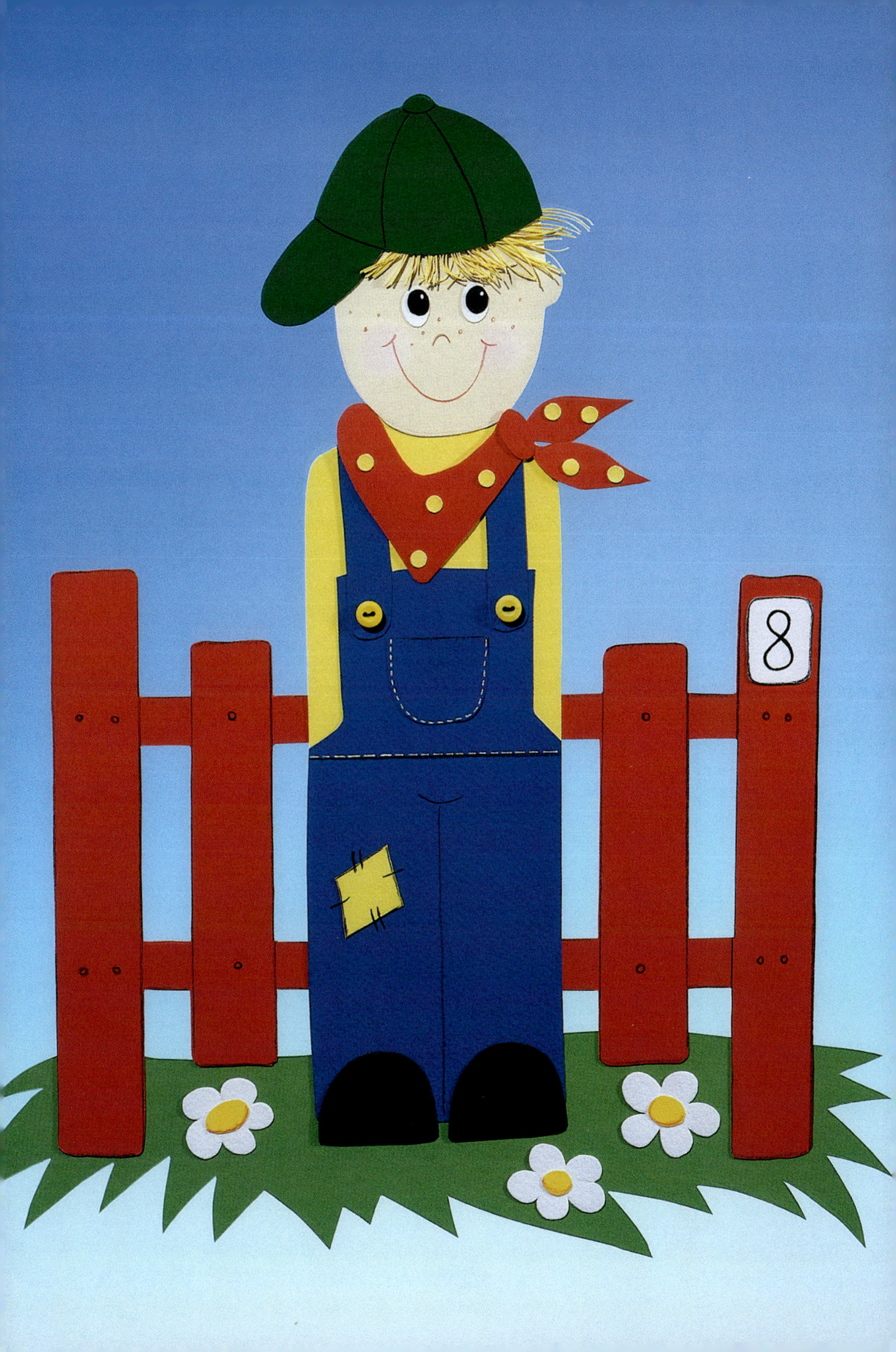
8

Strand, Meer und Sommer

Material
- Fotokarton: weiß, gelb, rot, blau
- Struktur-Fotokarton: hellchamois, braun
- Graupappe, 1,5 mm stark
- Buntstifte: weiß, braun, dunkelbraun, schwarz
- weißer Leinenzwirn, 20 cm lang

Die einzelnen Zaunpfosten und Querstreben auf Graupappe, die restlichen Motivteile auf Fotokarton übertragen. Den Leuchtturm doppelt übertragen und dabei einmal seitenverkehrt arbeiten. Anschließend alle Teile ausschneiden.

Den Rettungsring mit etwas weißem Zwirn umwickeln und mit einer Stopfnadel an den Markierungen Löcher durchstechen. Den Zwirn durchfädeln und auf der Rückseite zu einer kleinen Aufhängeschnur verknoten. Die Holzmaserung des Zauns mit einem weißen und dunkelbraunen Buntstift aufmalen.

Mithilfe des Vorlagenbogens die einzelnen Teile zusammensetzen und den Leuchtturm hinter dem Zaun auf der Bodenplatte anbringen. Die restlichen Details und Schattierungen laut Abbildung mit Buntstiften ausarbeiten. Zum Schluss den Rettungsring am Zaunpfosten aufhängen.

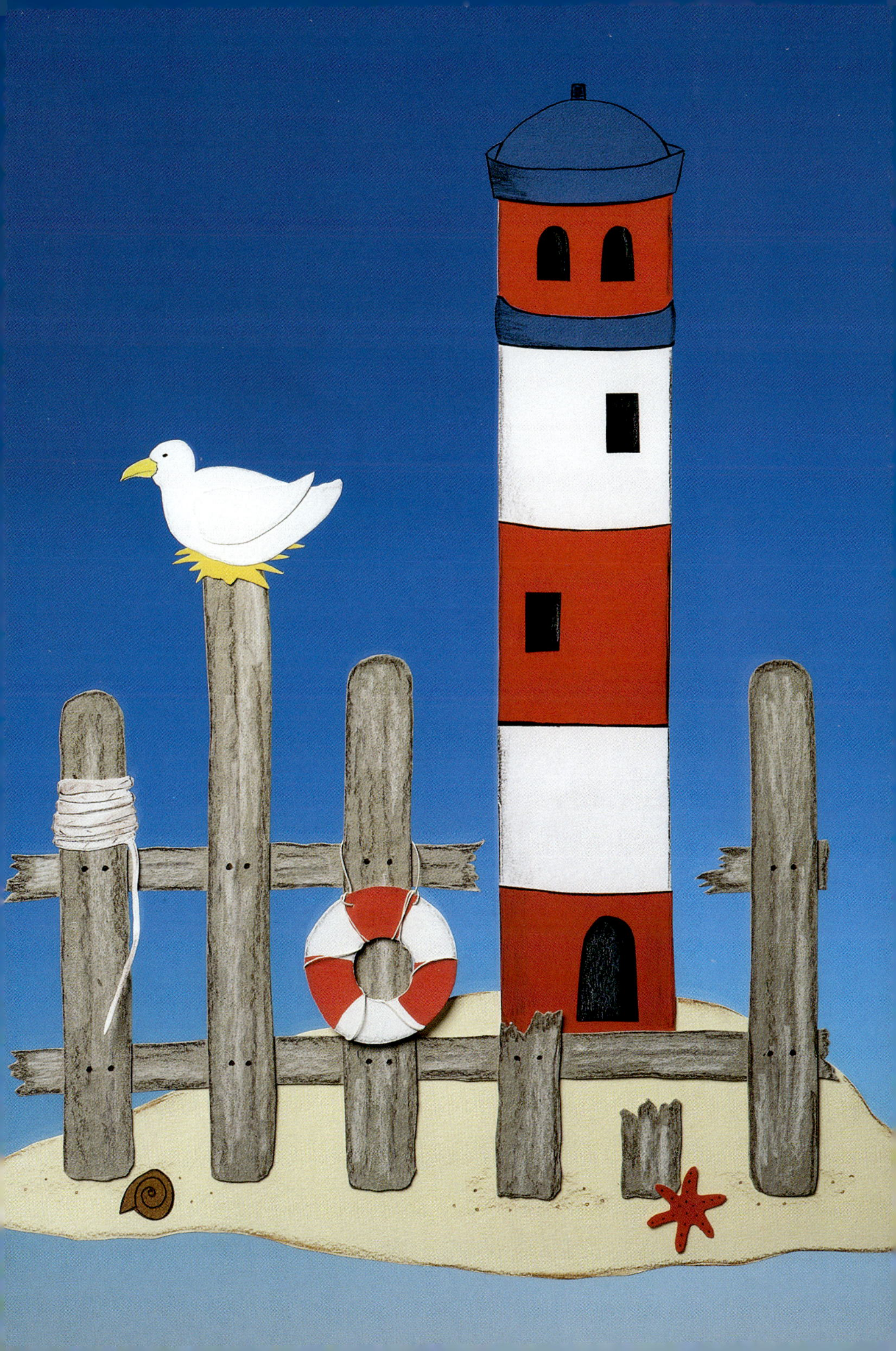

Nette Rabenscheuche

Material
- Fotokarton: weiß, gelb, chamois, rot, blau, mint, grün, dunkelgrün, schwarz
- Struktur-Fotokarton: braun, dunkelbraun
- silberner Plakatkarton
- rotweiß karierter Karton
- Buntstifte: weiß, rot, braun, dunkelbraun, schwarz
- schwarzer, wasserfester Filzstift
- weißer Lackmalstift
- brauner Bindedraht, Ø 0,35 mm, 30 cm lang
- weißer Leinenzwirn, ca. 15 cm lang

Die Rabenscheuche und die beiden Querlatten doppelt vom Vorlagenbogen auf den Karton übertragen, dabei einmal seitenverkehrt vorgehen. Den Raben, die rote Haarschleife und die restlichen Motivteile nur einmal übertragen. Anschließend alles ausschneiden und laut Abbildung oder mithilfe des Vorlagenbogens zusammenkleben. Die Augen aufkleben und die Pupillen sowie die Lichtreflexe aufmalen. Beide Querlatten platzieren Sie hinter den beiden Figuren, die Grasfläche und die Blüten davor. Mit einer dicken Stopfnadel die markierten Löcher zum Aufhängen der Dosenteile und zum Einknüpfen der Rabenhaare vorstechen. Nun ca. 8 cm des Leinenfadens als Rabenhaare einknoten. Den restlichen Leinenfaden zum Befestigen der Knöpfe am Raben nutzen. Die Dosenteile auf Draht fädeln, den Draht leicht kringeln und an der Armlatte einhängen. Schließlich die restlichen Gesichtszüge, Bäckchen und sonstige Details mit den Filz- und Buntstiften ausarbeiten.

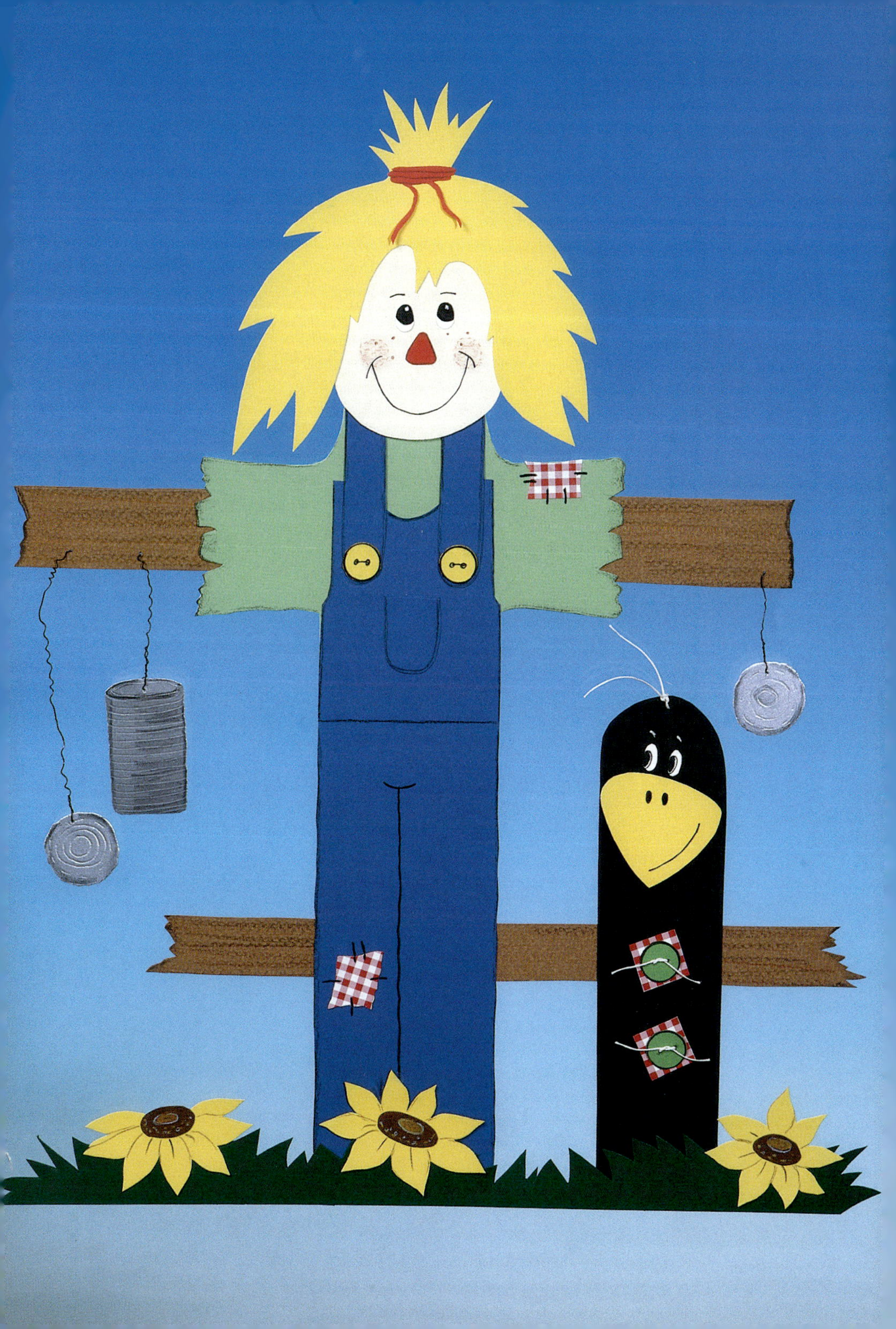

Herbstzeit

Material
- Fotokarton: gelb, orange, grün, dunkelgrün
- Struktur-Fotokarton: chamois, braun, dunkelbraun, schwarz
- grünbeige karierter Stoffrest, 2 cm breit, 15 cm lang
- 2 schwarze Halbperlen, Ø 5 mm
- 2 braune Knöpfe, Ø 1 cm
- grüner Knopf, Ø 1,5 cm
- brauner Bindedraht, Ø 0,35 mm, 50 cm lang
- Buntstifte: weiß, rot, braun, dunkelbraun
- schwarzer Filzstift
- weißer Lackmalstift

Die Zaunteile und den Jungen zweimal vom Vorlagenbogen auf die entsprechenden Papiere übertragen, dabei einmal seitenverkehrt vorgehen. Alle übrigen Motivteile einmal übertragen und alles ausschneiden. Mit einer dicken Stopfnadel an den markierten Stellen Löcher vorstechen und das Motiv mithilfe des Vorlagenbogens zusammensetzen. Fächern Sie die eingeschnittenen Haare vor dem Aufkleben etwas auseinander. Die schwarzen Halbperlen als Augen aufkleben. Den Stoffrest als Schal umbinden, die Enden spitz umschlagen und mit Kleber fixieren. Ein kleines Stoffstück auf die Mütze kleben.

Nun drei Blätter auf ein Drahtstück fädeln und das Ganze an den Händen des Jungen befestigen. Die Knöpfe einzeln auf kurze Drähte fädeln. Den grünen Knopf auf das Stoffstück der Mütze und die braunen Knöpfe auf die Jacke kleben. Die Drahtenden etwas kringeln und gleichmäßig mit einer Schere kürzen. Befestigen Sie ein einzelnes Blatt mit Draht an der Mützenspitze. Das Motiv mit den restlichen Blättern, den Raben und den Kürbis laut Abbildung komplettieren.

Abschließend die Gesichtszüge mit einem schwarzen Filzstift und einem weißen Lackmalstift aufmalen und die Bäckchen mit einem Buntstift ergänzen. Die Holzmaserung der Latten mit den braunen Buntstiften vornehmen und die restlichen Details mit Buntstiften ausarbeiten.

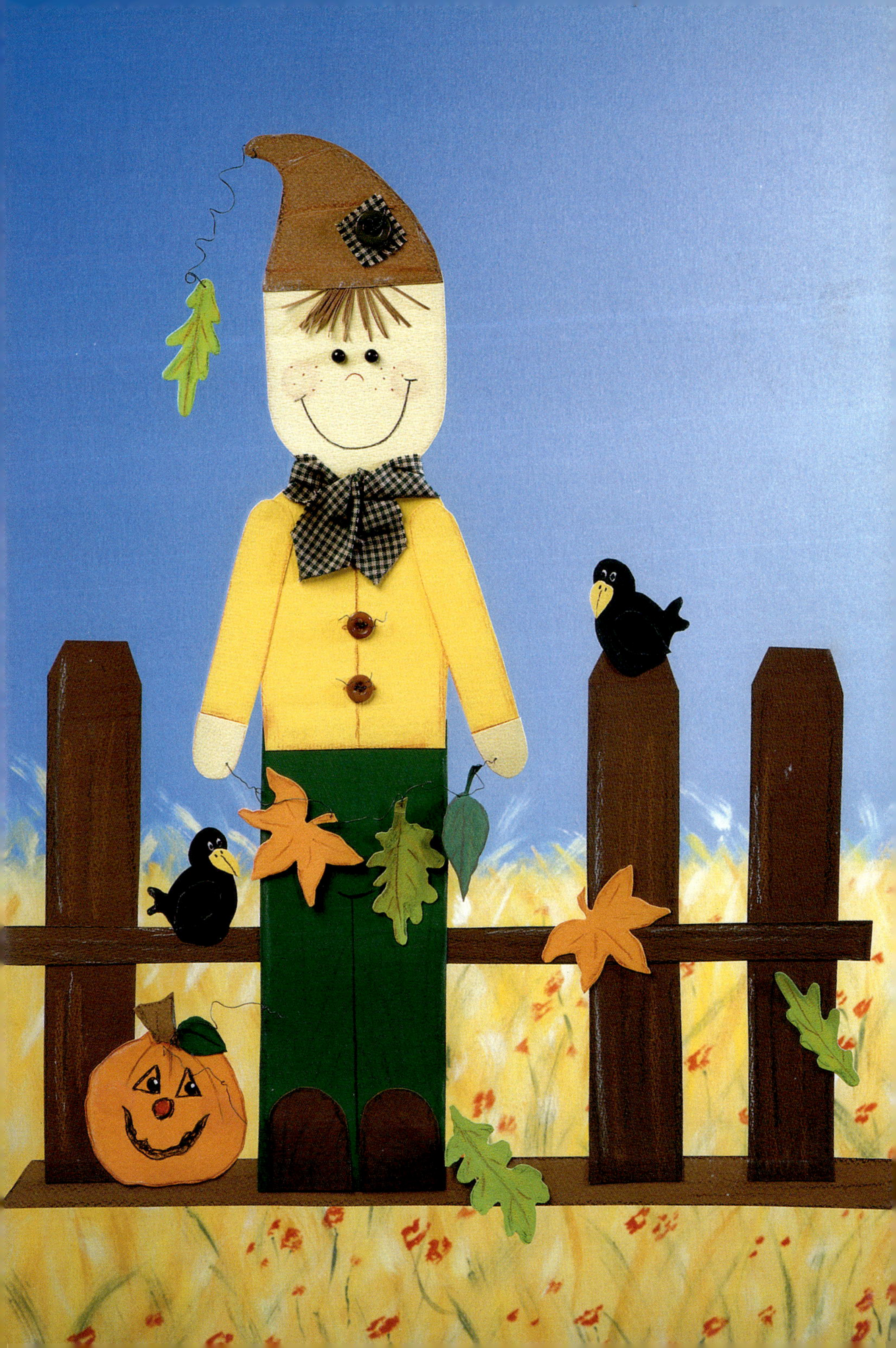

Wichtel-Trio

Material
- Fotokarton:
  weiß, rot, dunkelrot, blau, mint, gelb
- Struktur-Fotokarton:
  hellbraun, braun, dunkelbraun
- Regenbogenkarton
- Buntstifte: weiß, rot, dunkelbraun, schwarz
- roter Lackmalstift
- schwarzer, wasserfester Filzstift

Alle Motivteile vom Vorlagenbogen auf die entsprechenden Papiere übertragen. Zur besseren Stabilität die Körper der Wichtel und die Bodenplatte doppelt, davon einmal seitenverkehrt, übertragen. Die Blätter aus Regenbogenkarton fertigen und alle Teile ausschneiden. Die Kartonstücke für die Wichtelhaare ca. 3–5 cm tief mit einer Schere einschneiden und die einzelnen Haare vor dem Befestigen etwas auseinander fächern. Anschließend die einzelnen Motivteile mithilfe des Vorlagenbogens zusammensetzen. Zuerst die Haare befestigen und die Mützen darauf platzieren. Einzelne Haare mit einer Schere in Form schneiden. Die Pupillen mit einem schwarzen Filzstift ergänzen. Nun mit einem roten Lackmalstift den Mund der Wichtel aufmalen. Die Wangen sowie die Blatt- und Holzmaserungen mit den Buntstiften ausarbeiten. Ein Blatt auf die mintfarbene Wichtelmütze kleben, ein zweites mit Draht an der blauen Mützenspitze einhängen. Dazu mit einer dicken Stopfnadel ein Loch in das Blatt und in die Mützenspitze stechen.

Tipp!

Anstatt der Herbstblätter können Sie die Mützen auch mit kleinen Sternen und Eiskristallen verzieren – fertig sind die Weihnachts-Wichtel.

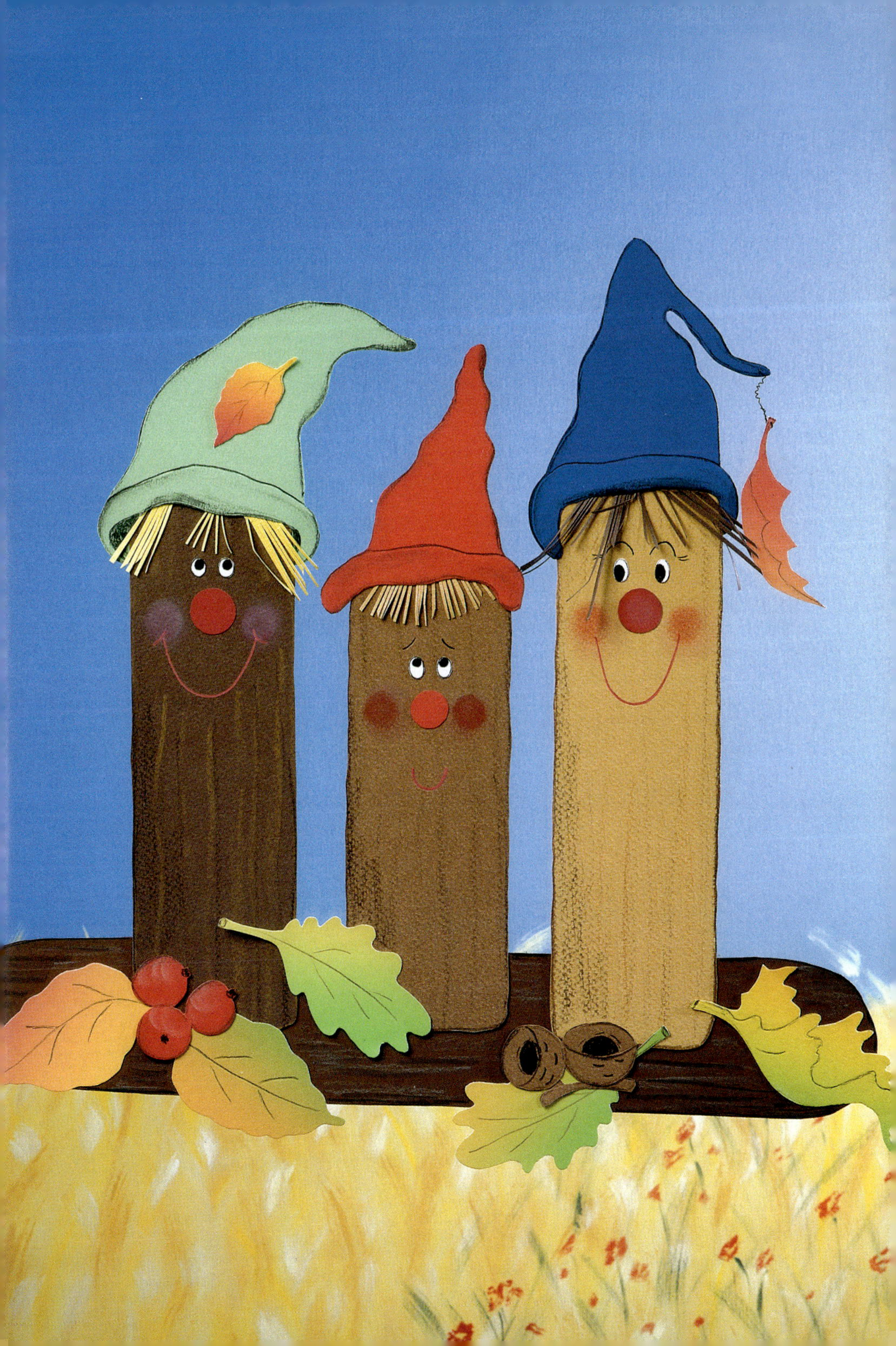

Hexe Frieda und Helfer

Material
- Fotokarton: weiß, chamois, orange, flieder, lila, türkis, dunkelgrün, schwarz
- Buntstifte: rot, braun, dunkelbraun, schwarz
- schwarzer, wasserfester Filzstift
- Lackmalstifte: weiß, rot
- brauner Bindedraht, Ø 0,35 mm, 2 x 5 cm lang
- schwarzer Leinenzwirn, ca. 35 cm lang
- schwarzes Spinnennetz, Ø ca. 15 cm

Die einzelnen Zaunelemente und den Hexenkörper für eine größere Stabilität doppelt vom Vorlagenbogen auf die entsprechenden Papiere übertragen. Dabei einmal seitenverkehrt vorgehen. Da es sich einmal um die Rückseite handelt, ist es nicht nötig, diese Seite mehrfarbig zu gestalten. Das Gesicht, das türkisfarbene Kleid und die restlichen Motivteile nur einmal übertragen und alle Teile ausschneiden. Anschließend das Motiv mithilfe des Vorlagenbogens zusammensetzen. Das Gesicht und das türkisfarbene Kleid auf den lila Grundkörper kleben und die restlichen Teile ergänzen. Die Gesichtszüge und alle weiteren Details laut Abbildung mit Filz- und Buntstiften ausarbeiten. Stechen Sie mit einer dicken Stopfnadel Löcher in die Knöpfe und die Mützenspitze. Den Draht durch die Knöpfe führen, die Enden auf der Vorderseite miteinander verdrillen und die Knöpfe aufkleben. Die Spinne mit schwarzem Zwirn am Hut festbinden. Zum Schluss das Spinnennetz mit einigen kleinen Stichen auf den Zaunlatten festnähen und die Zwirnenden auf der Lattenrückseite verknoten.

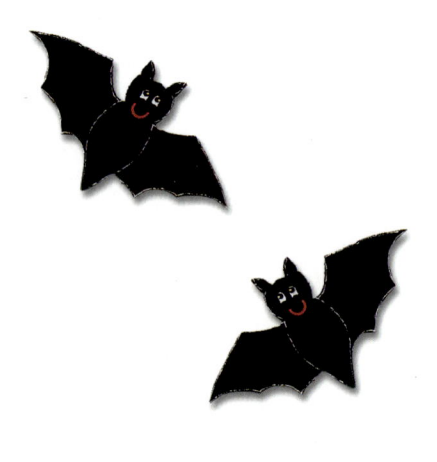

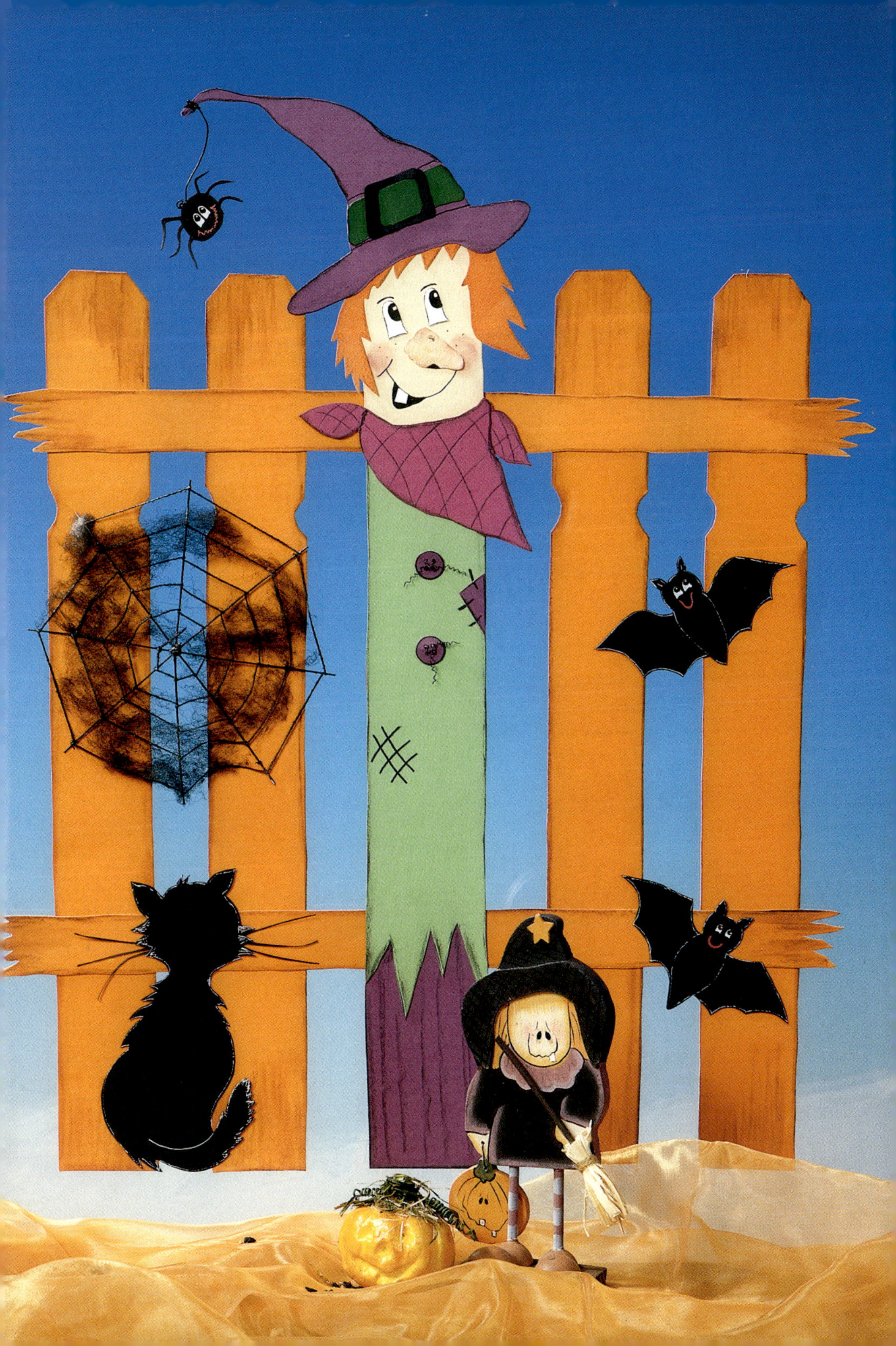

Huh! Fröhliches Gespenstertreiben

Material
- Fotokarton: weiß, gelb, rot, schwarz
- Struktur-Fotokarton: orange, braun
- Buntstifte: rot, braun, dunkelbraun, grau, schwarz
- schwarzer, wasserfester Filzstift
- weißer Lackmalstift
- schwarze Deko-Spinnfaser
- transparentes Klebeband

Zu Beginn alle Teile des Motivs vom Vorlagenbogen auf die entsprechenden Papiere übertragen. Zur besseren Stabilität die Grundfiguren und Querlatten doppelt übertragen, dabei beachten, dass diese Motivteile einmal seitenverkehrt ausgearbeitet werden. Schneiden Sie alle Motivteile aus und setzen diese anhand des Vorlagenbogens zusammen. Die Gesichtszüge und Details mit Buntstiften, Filz- und Lackmalstiften ausarbeiten. Nun die Spinnfaser vorsichtig auseinanderziehen, stellenweise über das Motiv spannen und auf der Rückseite mit Klebestreifen fixieren.

Ganz schön schaurig!
Halloween ist im Anmarsch.

BOO!

Nikolaus & Rudi Rentier

Material
- Fotokarton: blau, dunkelblau, schwarz
- Struktur-Fotokarton: weiß, gelb, rot, braun, dunkelbraun, dunkelgrün
- Buntstifte: rot, blau, dunkelbraun, schwarz
- schwarzer, wasserfester Filzstift
- weißer Lackmalstift

Übertragen Sie die einzelnen Gartenzaun-Elemente, vom Nikolaus die Mütze, das Gesicht, den Mantel sowie die Stiefel und vom Rentier den Kopf, den Pullover und die Hose doppelt auf die entsprechenden Papiere. Diese Motive einmal seitenverkehrt arbeiten. Alle restlichen Teile wie Augen, Schal oder Schild einmal vom Vorlagenbogen übertragen. Anschließend alle Kartonteile ausschneiden. Nun mit einem schwarzen Filzstift die Gesichtszüge der beiden und die Beschriftung des Schildes aufmalen. Die Lichtreflexe in den Augen und die Punkte auf der Nikolausmütze und den Wangen des Rentiers mit einem weißen Lackmalstift ergänzen. Die Wangen und alle restlichen Details arbeiten Sie mit Buntstiften aus. Zum Schluss alle Motivteile laut Abbildung oder mithilfe des Vorlagenbogens zusammensetzen.

Tipp!

Nach Belieben können Sie den Nikolaus oder das Rentier austauschen und die Figuren vor, hinter oder neben dem Gartenzaun platzieren. Durch längere Querlatten lässt sich der Zaun beliebig verbreitern.

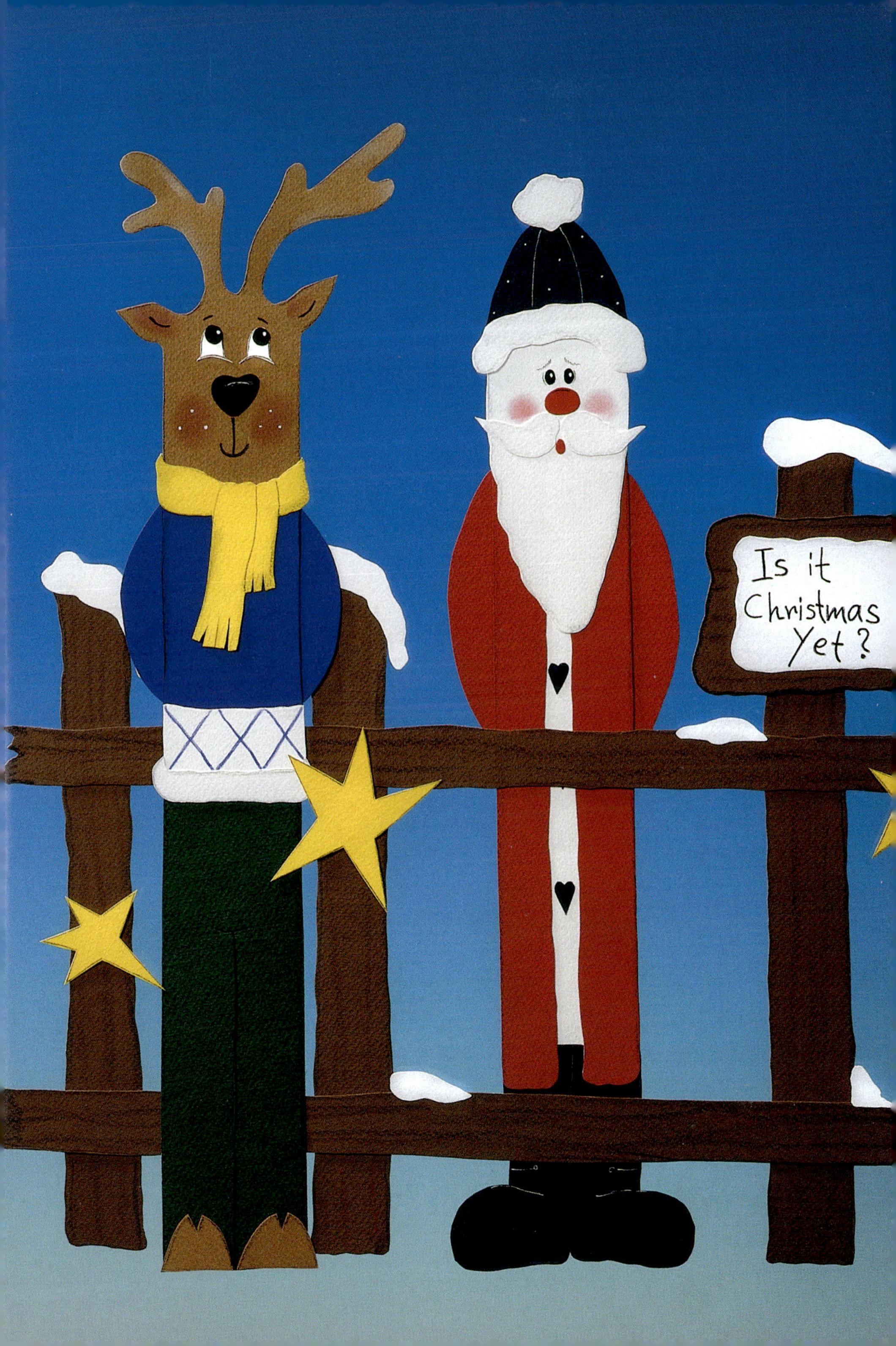
Is it Christmas Yet?

Schneemann-Parade

Material
- Struktur-Fotokarton: weiß, orange, rot, dunkelblau, dunkelgrün
- Buntstifte: weiß, rot, blau, grün, grau, schwarz
- schwarzer, wasserfester Filzstift
- Lackmalstift: weiß, rot
- schwarze Baumwollkordel, Ø 2 mm, 14 cm lang

Die einzelnen Motivteile vom Vorlagenbogen auf die entsprechenden Papiere übertragen. Die Schneemänner und die Bodenplatte doppelt ausschneiden; dabei darauf achten, dass einmal seitenverkehrt vorgegangen wird. Alle restlichen Motivteile nur einmal übertragen. Bei langen geraden Motivteilen ist es vorteilhaft, beim Schneiden ein Lineal und einen Cutter zu verwenden, um gerade Schnittkanten zu erzielen. Die Rundungen der kleinen Schneekristalle lassen sich sehr gut mit einer Nagelschere ausschneiden.

Das Motiv laut Abbildung zusammenkleben. Die beiden äußeren Schneemänner auf der Bodenplatte platzieren und den mittleren von hinten ankleben. Den grünen Knopf mit einem Stückchen Abstandsklebeband auf dem rechten Schneemann fixieren. Die Handschuhe an den Enden der Kordel befestigen und zum besseren Halt ggf. mit Klebestreifen sichern. Die Handschuhe mit der Schnur an den Knopf hängen.

Anschließend die Gesichtszüge und den Schriftzug mit einem schwarzen Filzstift aufmalen. Für die Verzierungen der Bekleidung und die Knopflochfäden Lackmalstifte verwenden. Alle übrigen Details und Schattierungen gemäß Abbildung mit Buntstiften ausarbeiten.

Tipp!

In der kalten Jahreszeit ist es vorteilhaft, wenn die Motive von beiden Seiten gestaltet sind. Die Motive gewinnen dadurch an Stabilität und der Karton wellt sich nicht so leicht am Fenster.

IT'S WINTER

Frohes Fest!

Material
- Fotokarton: gelb, blau, rot, dunkelgrün, schwarz
- Struktur-Fotokarton: weiß, chamois, orange, rot, braun, dunkelbraun
- rote Plusterfarbe
- schwarzer, wasserfester Filzstift
- Buntstifte: rot, schwarz
- Lackmalstifte: weiß, grün, rot
- gelbe Baumwollkordel, Ø 2 mm, 1 m lang
- Bürolocher

Die Zaun- und Querlatten zweimal, den Schneemann, den Bären, das Rentier und die Sterne je einmal vom Vorlagenbogen auf den entsprechenden Karton übertragen und ausschneiden. Beim Zaun darauf achten, dass er einmal seitenverkehrt gearbeitet wird. Anschließend das Motiv laut Abbildung oder mithilfe des Vorlagenbogens zusammensetzen.

Mit Filz- und Buntstiften die Pupillen, Gesichter und Wangen aufmalen. Für das Muster auf dem Bärenpullover, das Nähgarn der Knöpfe und den Schneekristall auf der Tasche des Rentiers die Lackmalstifte nutzen. Die Schneeflocken und grünen Punkte auf dem Schneemann mit einem Locher aus den entsprechenden Kartons stanzen und laut Abbildung befestigen. Den Schriftzug mit roter Plusterfarbe auf die Querlatte schreiben und trocknen lassen.

Zum Schluss mit einer Stopfnadel Löcher an den markierten Stellen in den Zaun stechen. Eine gelbe Kordel von vorn nach hinten als Aufhängeschnur durchziehen und beide Enden verknoten.

Frohes Fest!

Himmlischer Lichterglanz

Material
- Fotokarton: chamois, gelb, rot, weiß
- Struktur-Fotokarton: dunkelgrün, braun
- Buntstifte: weiß, rot, schwarz
- weißer Lackmalstift
- naturfarbenes Jutegarn, Ø 2,5 mm, 15 x 12 cm lang
- weiße 10er-Mini-Lichterkette mit Batterie
- schwarzer, wasserfester Filzstift
- weißes Nähgarn
- weißer Leinenzwirn, ca. 50 cm lang
- transparentes Klebeband
- Lochzange

Alle Motivteile, außer den großen Sternkragen und die kleinen Sternchen, doppelt vom Vorlagenbogen auf die entsprechenden Papiere übertragen, dabei einmal seitenverkehrt vorgehen. Die mit einem „x" gekennzeichneten Stellen ebenfalls auf den Karton übertragen und später mit Sternen verzieren. Anschließend alle Teile ausschneiden. Bei den Sternen für die Beleuchtung und in die Bodenplatte an den Markierungen mit einer Lochzange Löcher stanzen. Passen Sie den Durchmesser der Lochungen Ihrer Birnchenstärke an. Mithilfe des Vorlagenbogens die ausgeschnittenen Teile zusammensetzen.

Die Gesichtszüge, die Pupillen und alle sonstigen Details mit Filz- und Buntstiften ausarbeiten. Die Jutegarnfäden bündeln, mittig mit Nähgarn abbinden und als Haare am Engelskopf befestigen. Nach dem Trocknen des Klebers die einzelnen Fäden auseinander zupfen und mittig auf dem Scheitel einen Stern platzieren.

Nun die Birnchen der Lichterkette von der Rückseite durch die Löcher stecken und das Kabel an mehreren Stellen mit Klebefilm fixieren. Den Stern mit dem Gesichtchen mit einem Faden an die Handfläche binden. Zum Schluss mit einer dicken Stopfnadel den Zwirn als Aufhängung durch die Markierungen am Kopf ziehen und die Enden verknoten.

Eine festlich leuchtende Fensterdekoration, die zur Weihnachtszeit nicht fehlen sollte!

Kater Tom & Freunde

Material
- Fotokarton: gelb, grau, blau
- Struktur-Fotokarton: weiß, hellgelb, rot, schwarz
- Buntstifte: weiß, braun, rot
- schwarzer, wasserfester Filzstift
- weißer Lackmalstift

Bis auf die Käselöcher und die kleinen Mäuse, alle Teile doppelt vom Vorlagenbogen auf die entsprechenden Papiere übertragen. Dabei darauf achten, dass einmal seitenverkehrt vorgegangen wird. Nutzen Sie für die Käselöcher den genarbten hellgelben Karton und schneiden alle Teile aus. Die Zaunlatten und Querstreben für eine größere Tiefenwirkung einzeln ausschneiden. Die Barthaare der Katze aus 2 mm breiten und 5 cm langen Kartonstreifen fertigen. Anschließend das Motiv laut Abbildung oder mithilfe des Vorlagenbogens zusammensetzen. Die Katze hinter dem Zaun platzieren und die Pfoten auf die Querlatte setzen. Nun die Käselöcher auf dem Zaun anordnen und die Mäuseteile hinzufügen. Die Augen und Krallen der Katze mit einem weißen Lackmalstift aufmalen. Ergänzen Sie die Gesichtszüge der Mäuse und den Mund der Katze mit einem schwarzen Filzstift. Zum Schluss die Wangen und die restlichen Details mit Buntstiften ausarbeiten.